AF288397

LIONA TOUSSAINT

Schnipp-Schnapp

Texte und Gedichte

---

für sie liebt sie und jedermann

Die vorliegende Ausgabe kann über die Autorin, den klassischen Buchhandel und Internet-Buchshops bezogen werden.

2010 © by Liona Toussaint
www.liona-toussaint.de

ISBN: 9-783837-074611

Herstellung und Verlag:
Books on Demand GmbH, Norderstedt
Printed in Germany

Cover • Design • Layout
von Liona Toussaint
www.liona-toussaint.de
www.fuxart.de

Dritte Auflage – Januar 2010

Vorwort

Schnipp-Schnapp ist der Beginn einer Schnipp-Schnapp-Buchreihe mit diversen Texten und Informationen zu verschiedenen Themen. Zur Buchreihe gehören auch Bild- und Fotobände. Schnipp-Schnapp: von Liebe bis Kritischer Rationalismus, von Lyrik bis Politik.

Meine Erzählungen in diesem ersten Schnipp-Schnapp Buch sind Frauenromanzen. Meine lyrischen Werke und Prosa handeln von Liebe und Emotionen. Alles Geschriebene ist authentisch! Überhaupt ist dieses Buch in seiner Gesamtheit authentisch, da ich recht ungeschickt im Ausdenken bin, aber ganz groß im Große-Gefühle-haben.

Schnipp-Schnapp möchte ich als eine thematische Buchreihe aufbauen, als leichte, aber auch durchaus zum Nachdenken anregende Lektüre.
In diesem Buch geht es um Gefühle, um die Liebe und Erotik. Im nächsten Buch vielleicht um Umwelt, Politik, Bildende Kunst oder all die anderen interessanten Themen.

Lassen Sie sich überraschen.

Schnipp-Schnapp

Texte und Gedichte

für sie liebt sie und jedermann

von Liona Toussaint

Für Uschi

Manchmal ist weniger mehr.
Manchmal wird ein Moment Ewigkeit.
Manchmal …

Schnipp-Schnapp-Eins

Haus am Meer

Heute hatte ich geträumt,
dass es schön wäre,
wenn wir ein Haus am Meer hätten.
Jedes Zimmer in einer anderen Farbe.
Die Fenster stehen weit offen
und der Wind,
welcher über dem Meer zum Ufer weht,
lässt ein leises Klirren und Summen
in unseren Zimmern erklingen.
Sommerblumen schwingen lieblich ihre Köpfe
und lassen hin und wieder
zarte Blütenblätter
sanft wie eine Feder zu Boden schweben.
Im zimtfarbenen Salon entdecke ich dich,
am Fenster stehend
und nach mir Ausschau haltend.

UR-SPRUNG
♥ *In Erinnerung an meinen Vater* ♥

Ein junges grünes Blatt,
vom Sturm
vom Baum gefallen,
vom rauhen Wind getragen
über graurote Dächer,
vom Regen klatschnass klebend
auf einer romantischen Parkbank,
vom Sonnenschein getrocknet,
auf weichen Windschwingen
hinaus aufs Meer,
von Wellen getrieben
bis ans Ufer,
vom Sand bedeckt
ganz kühl,

einsam
zurück zum Ursprung.

von Liona Toussaint

Schnipp-Schnapp-Drei

Dreimastige Karacke

Heute kreiste ein orkanähnlicher Wind um mein Haus,
hielt inne vor meinen Fenstern
und versuchte durch die schmalen Ritzen
des Wintergartens hindurchzuschlüpfen,
derweil er wütend schnaubte
und pfeifende Klänge durch die Hohlräume zischte.
In Sekundenschnelle tauchte vor meinen Gedanken
eine dreimastige Karacke auf -
hinter hohen Wellen auf offenem Meer.
Das dunkle Holz ihres zweideckigen Achterkastells
wirkte gespenstig,
auf dem ebenfalls dunklen schäumenden Nass,
hingegen die flatternden Rahsegel schneeweiß blitzten,
sobald ein Sonnenstrahl sie traf,
welcher hin und wieder durch die bauschigen
schwarzgrauen Wolken hindurchblinzelte,
weil der tobende aufgeblasene Meister Wind,
die Wolken spielend tänzeln ließ.

Als sich mein Blick klärte, wie auch mein Verstand,
fühlte ich im Hier und Jetzt,
dass ich immer auf der Suche bin.

Nun hisse ich erneut meine Segel
und denke ganz synonym,
dass es auch bedeutet:
sich schicksalsschwer loszulösen.

von Liona Toussaint

Schnipp-Schnapp-Vier

Wildfang Alexa
♥ Hommage an Astrid ♥

Alexa flegelt sich auf Leonis dunkelgrüner Ledercouch. Sie liegt auf dem Rücken und ihr Kopf hängt über der Sitzfläche. Ihr langes braunes welliges Haar breitet sich, wie aufgestellte Pfauenfedern, über den schweren Teppich aus. Sie trägt eine Sonnenbrille. Typisch, wie immer. Obwohl Alexa eine selbstbewusste junge Schönheit ist, sie sehr wohl um ihr attraktives Aussehen weiß, ist sie dennoch auf ihre Art auffallend schüchtern. Vielleicht liegt es aber nur an Leoni, weil Alexa Leoni faszinierend findet. Leoni nennt Alexa liebevoll Wildfang. Ihr 1,78 m großer katzenähnlicher Wildfang, stets schwer zu erreichen, da Wildfang in jedem Winkel der Stadt stromert. Doch jeden frühen Abend kehrt sie, wie ein junges Kätzchen, aus ihrem Großstadtdschungel zu Leoni zurück. Leicht erhitzt und mit fragenden Blicken, ob Leoni vielleicht böse mit ihr ist. Wo sie war, darüber redet Alexa nicht gern. Leoni indes, fragt schon lange nicht mehr danach.

Alexa weiß nichts wirklich zu schätzen und ist ein verwöhntes junges Ding. Die Tochter Besserverdienender. Sie hat große Pläne. Oder besser: große Träume? Eines hat sie ganz sicher: Herz! - und eine verdammt geschickte Art sich zu präsentieren, sich mit Ausreden zu winden, dass Leoni zwar verärgert, aber nicht wirklich böse mit Alexa sein kann. Leoni tut jedoch so, als sei sie richtig sauer, denn sie möchte nicht, dass der hitzköpfige Wildfang ihr auf der Nase rumtanzt.

Leoni sitzt an ihrem gläsernen Schreibtisch, der direkt vor einem vom Boden bis zur Decke reichenden Fenster steht. Sie sieht verträumt auf die sonnenüberflutete Wiese vor ihrem Haus. Plötzlich dreht sie sich mit dem knallrotledernen Designerdrehstuhl zu Alexa und schaut sie etwas müde mit ihren stahlblauen Augen an.

„Alexa, was möchtest Du nach Deinem Studium anfangen?", fragt Leoni nicht ohne einen gewissen Unterton.

„Nicht schon wieder", denkt Alexa. Sie hasst es diese Frage gestellt zu bekommen. Sie hasst es überhaupt, wenn man ihr Fragen stellt. Schon gar nicht Fragen, die ihr Studium und ihre Zukunft betreffen. Arbeitstechnisch.

„Leoni, Du weißt es doch. Ich möchte Computerspiele entwickeln und mit namenhaften Firmen aus der Computerspiele-Branche arbeiten."

Alexa schaut zu ihrer Freundin und denkt: „Ich liebe diese Frau. Sie soll da nicht sitzen und mir Fragen stellen, sondern mit mir kuscheln."

„Das braucht die Welt!", denkt Leoni als Antwort auf Alexas Traum Computerspiele zu programmieren. Sie sieht noch immer zu Alexa - durch die große Glastür zum Zimmer nebenan. Alexa sitzt jetzt auf dem Fußboden, die Sonnenbrille trägt sie mittlerweile als Haarreif in ihrer arabischen Mähne, und sie zappt sich spielerisch durch das Fernsehprogramm, wobei Alexa sie immer wieder kindlich anstrahlt. Leoni erspart sich für heute weitere Fragen und Diskussionen.

Leoni steht am Fenster und schaut zu Alexa, wie sie jung und dynamisch in ihr Cabrio steigt. Alexa lächelt Leoni zu, dreht den Zündschlüssel und braust wie ein Wirbelwind davon. – Da ist es wieder, das Gefühl von der großen Freiheit, von Stolz und Schönheit, von Jugend und Sonnenstrahlen auf der Haut, denkt Leoni. Alexa vermittelt Leoni das, was man den „Amerikanischen Traum" nennt. Heute Abend wird Alexa diesen sommerlichen Tag und die große Freiheit direkt mit in Leonis Wohnzimmer bringen. Ihre Augen werden leuchten, ihr Haar ungekämmt und ihr Lächeln immer noch morgenfrisch sein.

von Liona Toussaint

Schnipp-Schnapp-Fünf

Junge Wölfe

Manchmal
packt einen die Angst vor dem Leben,
ein Flattern im Körper,
wie die ersten Flügelschläge zartjunger Vögel.
Manchmal
liebt man das Leben so sehr,
dass kein Platz für Worte,
nur Platz für den Kloß im Hals ist.
Ein Spiel junger Wölfe,
ein Kampf - alter und zähnefletschender großer Grauer.

Hast du einmal die Kraft deines Geistes entdeckt,
ist dir das große Glück und das unendliche Leid
Zwilling und Schatten.
Durchlebe den quälenden Schmerz,
kraftlos treibend auf vermodertem Holz
im türkis-grün-schwarzen Meer,
mit fast verlorener Hoffnung auf Strandung.
Doch manchmal öffnet sich die warme Mutter Sonne,
sie breitet ihre Arme aus
und bereitet dir den Weg ins Licht.
Du läufst leicht zögernd, mit plötzlich schwindender Angst,
magnetisiert und kindlich wissend,
in eine andere Welt.

Du fühlst einen warmen Wind
in deinem Haar und auf den Wangen.
Zartgrüne Blätter zwirbeln hin und her an alten Bäumen,
sie strotzen vor Kraft:
die Bäume mit ihren mächtigen Stämmen,
die Blätter mit ihrer Jugend.
Es ist ein liebevolles Spiel der Alten und Jungen,
übermütig und zärtlich knarrend.

Schnipp-Schnapp

von Liona Toussaint

Schnipp-Schnapp-Sechs

Irgendwie nur ein Moment – oder: Wie alles begann
♥ für U. (Stella) ♥

Emilie hatte bei Helena übernachtet. Die beiden waren beste Freundinnen (seit noch nicht all zu langer Zeit), aber irgendwie auch ein klein wenig verliebt. Ja, irgendwie. Beide trafen sich einst bei einer gemeinsamen Freundin. Simone, Emilies Freundin, die damalige. Es war eine rein sexuelle Beziehung, zwischen Emilie und Simone. Irgendwie.
Simone war krank und Emilie saß bei ihr, als es an Simones Tür klingelte. Helena kam, um einen Krankenbesuch abzustatten, aber eher doch deshalb, weil sie scharf auf Simone war. Und da saßen sie nun, auf Simones Bett, die drei super scharf aussehenden jungen Dinger.
Emilie war sauer, weil Helena so tat, als ob sie was mit Simone hat. Simone war super freundlich zu Helena und streckte ihre langen Beine, strich sich die blonde Mähne aus ihrer Stirn und schien zu flirten…, mit Helena. Helena genoss diesen Moment und sah zu Emilie, um ihr zu signalisieren, dass da doch was läuft zwischen den beiden. Irgendwie. Gleichzeitig guckte sie aber auch lüstern Emilie an, sie flirtete mit ihr. Genau: Irgendwie.

Tage später:

Es war ein super schöner Sommeranfangstag und Emilie spazierte zu ihrer vier Jahre jüngeren Cousine durch die Stadt. Das war eher selten, dass Emilie ihre Cousine besuchen ging, aber da ihre Cousine sich auch so sehr für Theater interessierte wie Emilie, gingen beide hin und wieder gemeinsam ins Theater.
Als Emilie so unterwegs war, zu ihrer Cousine, begegnete ihr Helena. Sie sahen sich schon aus der Ferne - und als sie sich immer näher kamen, da liefen sie „fast" grußlos

aneinander vorbei. Fast, denn ein kaum hörbares „Hallo!" war von beiden ausgegangen. Nach drei Sekunden drehten sich beide nacheinander um. Peinlich, irgendwie. Emilie fühlte Wut in sich aufkommen. „Wie blöd muss man sein, sich nach so einer Braut umzudrehen?", dachte sie. Aber irgendwie war da so ein komisches Gefühl in der Magengegend und im Unterleib.

Tage später:

Emilie hatte Lust auf Party und weil Mittwoch war, ging sie zur Lesbenparty in eine Diskothek, wo an jedem anderen Tag nur Normalos rumsprangen. Sie ging allein, was sie eigentlich hasste, aber irgendwen von ihren Leuten traf sie immer. Und wer begegnete ihr? Helena!
„Jetzt reicht es!", dachte Emilie. Gleichzeitig war sie jedoch froh Helena zu sehen.
Irgendwie näherten sich die beiden an und standen den ganzen Abend beisammen und tranken und redeten. Bis Emilie Helena fragte, ob sie mit ihr schlafen würde. Heute Nacht und jetzt. Helena war gar nicht überrascht und hätte wahrscheinlich sowieso selbst diese Frage gestellt. Dann gingen beide, leicht angetrunken und erotisiert, zu Helena.

ca. 2 Monate später:

Also, wie bereits ganz am Anfang erwähnt: Emilie hatte bei Helena übernachtet, wie schon sehr oft. Die beiden waren beste Freundinnen (seit noch nicht all zu langer Zeit), aber irgendwie auch ein klein wenig verliebt. Ja, irgendwie. Sie hatten auch eine gemeinsame Liebe, die Liebe zum Theater. Helena spielte Theater und Emilie ging mindestens fünf Mal in der Woche - aus Liebe zum Theater - ins Theater, insbesondere „nun auch" zu den Vorstellungen von Helena. Sex hatten beide hier und da und miteinander. Sie waren jung, hübsch, vogelfrei. An diesem Morgen mussten Emilie und Helena relativ früh aufstehen, weil Helena Termine hatte. Keine einzige Wolke stand am Himmel und dieser war strahlendblau. Ein echt geiler Tag. Irgendwie.

Emilie blieb nie allein in der Wohnung von Helena und schlüpfte also auch in ihre sommerliche Kluft. Die hellen Klamotten passten gut zu ihrer gebräunten Haut und ihre eisblauen Augen blitzten, wie die Klinge eines Schwertes im Sonnenlicht. Emilie, ein verdammt hübsches Mädchen, gertenschlank mit Knackarsch und Zähne, wie für Zahncreme-Werbung gemacht. Ihr kurzes blondes Haar fiel weit über die Stirn und berührte die schwarzen Wimpern. An Emilie war alles echt. Ihre weißen geraden Zähne, ihr blondes Haar, ihre schwarzen Wimpern. Wenn sie lachte, guckten die Leute verzückt, weil ihr Lachen auch echt was hatte. Ihr Gesicht war ein total feminines, aber der Rest absolut androgyn. Und ihre Stimme: dunkel. Insgesamt wirklich magisch, das Girl.

Helena war soweit, um zu gehen. Emilie zupfte noch ein wenig an sich herum. Ihr Haar wollte nie so liegen, wie es sollte. Wenig später standen die beiden vor der Wohnungstür im Hausflur des Altbaus in der 4ten Etage. Helena kramte nach ihren Schlüsseln, derweil Emilie am Treppenabsatz stand, als sie am Hauseingang Geräusche wahrnahm. Irgendwie pochte ihr Herz bis zum Hals und ihr war, als würde sie plötzlich gar nicht mehr mit ihren Füßen den Boden berühren.

„Was passiert mit mir?", fragte sich Emilie.

Eine Person stieg eilig die Stufen hinauf und Emilie fühlte, dass gleich etwas passieren wird, was ihr ganzes Leben verändern würde. Es war kein Gefühl der Angst. Es war kein Gefühl des Glücks. Es war ein Gefühl, welches einfach nur ihr Herz schlagen ließ, grundlos wie furchtlos. Noch ein paar Schritte und die sich nahende Person erreichte die 4te Etage. Helena hatte gerade die zweite Umdrehung mit ihrem Schlüssel vollbracht und zog diesen aus dem Türschloss, als sie freudig von der Fremden begrüßt wurde, die plötzlich zwei Stufen vor Emilie stand.

„Hallo, Stella, was machst Du denn hier? So eine Überraschung, aber ich bin heute echt in Eile!", sagte Helena erfreut und leicht überfordert zu dieser Frau.

„Stella!", wiederholte Emilie gedanklich den Namen der Fremden vor ihr. „Stella!", sagte sie sich nochmals und wusste nicht, was mit ihr geschah.

Wenige Minuten später stand Emilie vor Helenas Haustür im Sommersonnenlicht. Die Wärme der Sonnenstrahlen am frühen Vormittag waren ihr angenehm und kitzelten leicht. Wie sie jedoch von der 4ten Etage zur Straße kam, daran fehlte ihr jede Erinnerung. Sie stand nun völlig verloren und irritiert vor der Haustür und blickte zu Helena, Stella und einem Mann um die fünfzig neben ihnen, wie sie zu dritt am Auto, mindestens 10 Meter von Emilie entfernt, in ein Gespräch vertieft waren. Vertieft?

Stella, eine dunkelhaarige Frau Anfang dreißig mit vollen sinnlichen Lippen und traurigen blauen Augen, sah zu Emilie. Sie guckte immer und immer wieder zu Emilie. Emilie selbst hatte das Gefühl, als würde sie nie wieder glücklich werden und ab diesem Moment, der so urplötzlich herbeigesaust kam, nie mehr ihre Gefühle unter Kontrolle bekommen.

Stella und der Mann stiegen ins Auto und fuhren davon. Stella sah noch einmal zu Emilie und es sah so aus, als würde sie Emilie freundlich ein unscheinbares „Hallo" zunicken. Aber diese Augen! Irgendetwas stand in ihren Augen. Irgendetwas von: Ich muss dich wiedersehen.

Helena ging auf Emilie zu, ohne ein Wort von Stella und ihrem Begleiter zu erwähnen. Sie sagte echt rein gar nichts. Emilie, die immer noch trunken von dieser Begegnung war, sagte auch nichts und fragte nicht, wer die beiden Personen waren. Helena gab Emilie einen raschen Kuss und raste auch schon schnellen Schrittes zu ihrem Termin. Abends würde man sich im Theater treffen.

Zwei Tage später kam Helena mit einer CD zu Emilie und zeigte diese freudig. Emilie solle sie bitte sofort auflegen, weil die Scheibe so richtig gut sei.

von Liona Toussaint

„Guck doch mal, Emilie, erkennst Du sie nicht?", fragte Helena.

Emilie schaute sich das Cover nichts ahnend an und musste schlucken, als sie darauf Stella erkannte.

„Stella war also Sängerin!", dachte sich Emilie und tat so, als würde es sie nicht sonderlich interessieren. Je weniger Interesse sie zeigte, umso mehr würde Helena vielleicht plaudern. Und: Helena plauderte, zwar nicht viel, weil sie sich immer recht verdeckt hielt, aber Emilie konnte genug zwischen den Sätzen heraushören. Immerhin gab Helena gern an, weil sie so viele Künstler kannte. Sie war auch mit vielen Künstlern, Männern wie Frauen, im Bett, weil sie das sicherlich erheblich weiterbrachte. Egal.

Emilie hatte sich heimlich Stellas CD gekauft und sie immer und immer wieder gehört - sich zeitlos das Cover angesehen auf dem Stella abgebildet war. Emilie lebte in ihrer Erinnerung und in ihrer Fiktion, eine weitere reale Begegnung mit Stella gab es zunächst nicht.

Wochen später:

Emilie öffnete ihren Briefkasten und sortierte die Post zwischen der Werbung heraus. Darunter befand sich eine Postkarte. Sie las:

„Hallo, liebe Grüße aus dem Dir auch bekannten Leverkusen. Vielleicht gehen wir mal einen Kaffee trinken. Mach's gut. Stella."

Emilie war geschockt. Wahrscheinlich stand sie eine ganze Stunde - wie im Trance - vor dem geöffneten Briefkasten. Sie war wirklich irgendwie total irritiert und fassungslos. Ihr Herz schlug bis zum Hals, der Puls raste - und irgendwie konnte sie vor Aufregung gar nicht schlucken.

In den letzten Wochen konnte sich Emilie auf nichts mehr konzentrieren. Immer und immer wieder tanzten die kurzen Zeilen von Stellas Postkarte vor ihren Augen. Jeder Gedanke wiederholte jene Momente, als sie Stella bei

Helena traf. Ihre Augen, ihr Mund, ihr Lächeln. Vorspulen, rückspulen. Die Erinnerungen immer wieder vorspulen, rückspulen, in einer Tour. Es war schon irgendwie zum Durchknallen, diese Gedanken-Akrobatik. Und: von Stella noch kein weiteres Lebenszeichen!

Wochen später:

Endlich. Emilie bekam endlich Post von Stella. Eine Einladung zum Konzert. Ihr Konzert. Wow. Unglaublich.
Emilie hasste es unter vielen Menschen zu sein. Irgendwie war sie total schüchtern und ängstlich. Ging sie doch noch nicht einmal im Restaurant aufs Klo, weil sie sich nicht traute an den Gästen vorbeizulaufen. Dabei verfolgten sie die Blicke doch nur, weil sie so ein echt hübsches Ding war.
Nun, Emilie wollte sich aber für diesen magischen Augenblick, Stella zu begegnen, zusammenreißen, und sich in die Menschenmasse begeben. Was tut man nicht alles vor lauter Liebestaumel, irgendwie.
Das Konzert war eine Art Festival, wo es mehrere Konzerte gleichzeitig in mehreren Konzertsälen gab. Ein riesengroßer Komplex, was Emilie einfach nur furchtbar fand. Sie zog von einem Saal zum nächsten, bis sie Stella fand, die, wie durch Telepathie, genau im Moment von Emilies Ankunft in ihre Augen sah und sie anlächelte.
„Was für ein bezauberndes Lächeln", dachte Emilie und war erneut wie im Trance und fühlte den Boden unter ihren Füßen nicht mehr. Sie stand irgendwie einfach nur so da und begann zu schwitzen.
Als Stellas Konzert zu Ende war, kam sie auf Emilie zu.
„Hallo, schön, dass Du gekommen bist. Ich kann jetzt leider noch nicht gehen. Wollen wir hier etwas trinken?", sagte Stella mit klaren blauen Augen, in denen immer ein Hauch von Traurigkeit innewohnte.
Emilie, die vor lauter Scham kein Wort über die Lippen brachte, lächelte nur und nickte.

von Liona Toussaint

Stella und Emilie saßen sich gegenüber und versuchten sich in Konversation. Aber irgendwie grinsten sich beide nur an. Stella spielte mit der Garderobenmarke von Emilie, die Emilie zuvor nervös in der Hand hielt, da sie eigentlich alsbald gehen wollte, um der peinlichen Situation zu entfliehen.

„Sie muss ja denken, dass ich zwar gut aussehe, aber ansonsten total bescheuert bin. Gott, das halte ich nicht aus. Nun rede doch mal was Geistreiches und stell' dich nicht an, als seiest du aus Dummsdorf!", dachte Emilie.

Da Stella Emilies Unsicherheit bemerkte, behielt sie die Garderobenmarke von Emilie fest in ihrer Hand, um sie am Gehen zu hindern.

„Ich bin hier bald fertig. Die Band und ich packen nur noch unseren Kram zusammen und dann können wir gehen", sagte Stella instinktiv und Emilie aus der verzwickten Lage rettend.

Mit diesen Worten verschwand Stella samt der Garderobenmarke, jedoch nicht, ohne sich noch einmal mit ihrem typisch bezaubernden Lächeln Emilie zuzuwenden. Irgendwo in ihrem Blau der Augen, war auch ein Tick Schadenfreude erkennbar, da Stella, die ebenfalls in die Kategorie der Schüchternen gehörte, bei Emilie Oberhand gewann.

Kurze Zeit später standen Stella und Emilie am Taxistand. Noch immer grinsend und liebestrunken, befanden sich beide in einer „irgendwie" dämlichen Situation. Eben so, wie es bei Verliebten meist der Fall ist, wenn man sich so gut wie gar nicht kennt. Rundum kitschig verknallt und unausgesprochen heiß auf einander. Da machten die 14 Jahre Altersunterschied sich nicht im Geringsten bemerkbar.

Emilie dachte, dass sie nun beide sicherlich noch irgendwo einen Drink zu sich nehmen, als Stella ihr plötzlich lüstern ins Gesicht hauchte.

„Zu Dir oder zu mir?"

Emilie erstarrte vor Glück! Ein leichtes Frösteln huschte durch ihren Körper. Sie dachte in Windeseile: „Wenn wir zu mir fahren, kann Stella gehen, wann immer sie möchte. Fahren wir zu ihr, bin ich dort fremd und eine Gefangene meiner Schüchternheit, aber: ich kann zum größten Teil die Zeit bestimmen.".

Emilie hatte keine, auch nicht die geringste Erinnerung an die Taxifahrt. Wahrscheinlich sprachen beide kein Wort. Haben sie sich geküsst?

Bei Stella angekommen, fehlt noch immer eine Portion Erinnerung, bis auf jene Momente, wo Emilie - auf Stellas Wunsch hin - Erotisches aus einem Buch von Henry Miller vorlas und: wo sie sich von zart bis heftig liebten. Diesen Moment der Lust und des Verlangens vergessen beide niemals.

„Wie Du klingst!" hat Stella zu Emilie gesagt, als Stella zum ersten Mal mit ihrem wunderschönen Mund zwischen Emilies Beinen verschwand.

„Wie Du klingst!", wiederholte Emilie gedanklich und konnte ihre großen Lustempfindungen kaum ertragen, fühlte sich von ihren überdimensionalen Gefühlen der Liebe fast atemlos.

Fortsetzung im Buch „Schattenliebe", demnächst im Buchhandel.

Eine über 27 Jahre andauernde und auch authentische Liebesgeschichte, die teilweise tragische Züge trägt.

Das Band zwischen Stella und Emilie reißt nie. Sie begegnen sich immer wieder ganz bewusst, selbst wenn es längere Zeiträume ein Nur-an-die-andere-denken gab. Magische Berührungspunkte bleiben Bestandteil. Die eine gehört immer zum Leben der anderen.

---

von Liona Toussaint

Schnipp-Schnapp-Sieben

Septemberwind
♥ *Hommage an U. (Stella)* ♥

Die wilden Kusszeiten ruhen in den Baumkronen der einst so jungen Bäume, welche unsere Straße der Verliebtheit säumten.

Heute küsst du mich sanft wie eine Feder, die vom Septemberwind getragen zu Boden schwebt, aber hin und wieder schwebt sie erneut nach oben, weil sie mein Herz berührt, welches: durch den Liebeskuss-Pump-Mechanismus sich öffnet, wie eine Faust - und die Feder, mit einem leichten Hieb, zum Richtungswechsel zwingt.

Ich sehe ein verstecktes Lächeln der Sehnsucht auf deinen Lippen, welche mich eben erst sinnlich küssten - und diese kraftvolle unerklärliche Autonomie in deinen wunderschönen traurigen Augen, jene Autonomie, die es immer wieder schafft, dass du mich für lange Zeit(en) allein lässt.

Aber reden wir vom Septemberwind und geben wir uns dem Zauber hin, welcher sich, wie ein unsichtbares Band, um unser beider Herzen schmiegt.

Vom Frühling zum Herbst, begleitet er uns, bis wir welk zum Ursprung zurückkehren.

Deine unsichtbare Sehnsucht, wie eine salzige Träne in meiner weitklaffenden offenen Wunde der Liebe. Es schmerzt, aber ich liebe diesen Schmerz, weil er mir zeigt, dass du da bist.

Schnipp-Schnapp-Acht

Oktoberfarben gegen Septemberwind
♥ Hommage an U. (Stella) ♥

Die Bäume sind fast kahl und wenn die Sonne durch die lichten Baumkronen blinzelt, dann wirft sie Lichtspiele auf die Fassaden der Häuser.
Gelbe Blätter rieseln wie dicker Schnee und hatten kaum Zeit, sich in ein Purpurrot zu verwandeln.
Ein noch saftiges Grün marmoriert das herbstliche Gelb. Viel zu früh und zu schnell wollen Oktoberfarben den Wettlauf der Jahreszeiten zum Sieg führen.

Oktoberfarben haben den Septemberwind übermannt. Der smartwilde Septemberwind meines Herzens will nun den Oktoberfarben den Kampf ansagen, dabei fühle ich ihn noch, den Herzschlag, als meine Lippen die deinen küssten.

Ich fürchte mich vor dem eiligen Wechsel der Jahreszeiten, weil ich Bedenken habe, dass mich das freche Blinken der nassen Blattspitze nicht mehr erreicht.

Schön wäre, wenn der glasklare Tropfen auf der Blattspitze, wie in Zeitlupe auf mich herabfallen würde. In ihm der Spiegel mit deinem Lächeln, dann zerschellt er auf meinen Lippen.
Schön wäre, wenn ich deine Haut spüren könnte, kühl und glatt, dann warm und feucht.
Schön wäre, wenn dein Mund mich küsst. Erst sanft, dann fest, dann wild. Vielleicht.
Schön wäre, wenn die Farben des „Sich-Mögen" sich noch im Oktober zeigen.

von Liona Toussaint

Schnipp-Schnapp-Neun

Märzgebären
♥ *für U. (Stella)* ♥

Der Septemberwind ist gen Norden verschwunden,
die Oktoberfarben sind vom Januarschnee verblasst,
der Februarfrost hat Einkehr in den März genommen,
wobei der März sich nicht beliebt gemacht hat.
Mir bleibt nun die Hoffnung der Aprilsonne,
die dein Herz vielleicht wärmt,
und es öffnet,
nur ein wenig
- für mich.

Schnipp-Schnapp-Zehn

Damals noch zu jung für U.
♥ *für U. (Stella)* ♥

Ich war zu jung
und unerfahren.
Du warst schon älter
und sehr klug.
Mir alles neu.
Dir bekannt.
Du konntest lachend gehen.
Ich stumm sitzen.

Schnipp-Schnapp-Elf

Die Wandlung
♥ *Erinnerung an U. (Stella)* ♥

Mit vier hatte ich schon erkannt,
dass tief in mir
ein Regenbogenlichtlein brand.
Erst später sollte ich erkennen,
dass weitere farbenfrohe Lichtlein brennen.
Und als ich kluge zehne war,
da war mir plötzlich alles klar.
Mit zwölf ging es schon voll zur Sach',
zuhause gab es deshalb Krach.
Erhobenen Hauptes schritt ich dann
in einen wahren Jugendwahn.
Ich war total verbohrt, versessen,
hab' manches Mal sogar vergessen,
dass ich ein nettes Mädchen war.

Mit siebzehn gab es nichts zu retten,
ich verschwand in vielen Betten,
von ihr, von ihm, von beiden gleich,
denn Schönheit macht bekanntlich reich.
Auch an Erfahrung, sicher, klar,
denn jedes neue lüstern Jahr,
gab es zig schöne Körper, Münder,
und Augen, Hände wie noch mehr,
da fiel die Auswahl ganz schön schwer.

Doch plötzlich stand „sie" dann vor mir,
ich war versteinert und nicht hier,
auf dem Planeten namens Erde,
dass ich mir dacht' ich werde,
so brav, so treu, so weiß-ich-was
und aus war's mit dem ganzen Spaß,
den ich vorher hatte.

30 *von Liona Toussaint*

Sie lachte, küsste, liebte mich,
so göttlich, lieblich, bitterlich,
bis eines Tages, nicht lang her,
ein Blitzen, Funkeln, Tränenmeer;
an ihrem Finger hing
ein glänzend goldner Ring.

Ich wusste - und es war nicht neu,
von ihrem holden Manne,
doch dieser zog sie musiklich
in seinem engen Banne.

Mir kehrte sie den Rücken zu,
zumindest körperlich,
denn Mann und Frau und Schubidu
das passt nun wirklich nicht.

Obwohl sie auch besessen war,
so hier und da, so dann und wann,
verging Jahr um Jahr um Jahr
und ich erkrankte dran.

Heut ist es viele Jahre her,
die Sehnsucht ist geblieben.
Ich treibe immer noch im Meer,
der Zeiten unsrer Art zu lieben.

Doch eines weiß ich ganz gewiss,
auch sie denkt oft an mich,
und im Gedanken sage ich:
Mein Lieb, ich liebe dich.

Schnipp-Schnapp-Zwölf

Auch vom Aussterben bedroht

Ich zog unfreiwillig aus,
raus aus meinem Schneckenhaus der Seele,
zu den 10 Feen,
um ~nicht~ das Fürchten zu lernen.
Der Weg war weit und führte durch die Wüste;
ein kreischender Adler als feindseliger Begleiter.
Mein müder Blick sah oft nach oben,
wo die schwarzen Flügel
das gelbe Sonnenlicht durchbrachen.
Das Böse gibt Kraft. Ein Teil so unbesiegbar,
dass des Adlers Augen wissend wütend funkeln.
In der Ferne ein Turm smaragd-grün schillernd.
Das Sonnenlicht erzeugt einen schrillen Wüstenton,
als würden hundert Bögen,
langsam über die Saiten,
von hundert Violinen streichen.
Feuerrot getäuscht die Sinne.
In meinen Ohren und in meinem Herz,
der zerreißende Schmerz der schrillen Klänge,
danach die ~laute~ unerträgliche Stille.
Vor mir endlich das Schloss.
Kleine hübsche Zofen, die mich schweigend begrüßen.
Ein Schloss aus Eis,
umgeben von einer dichten dunkelroten Rosenhecke,
von klaren Bächen meiner Tränen
und kühlen Flüssen meiner Sehnsüchte.
Ich nehme die schönste Knospe von der Hecke an mich
und folge
einem kleinen,
lustig zwitschernden,
eisblauen Vogel.
Die Zofen winken,
in ihren Gesichtern das zarte Lächeln von Engeln.

von Liona Toussaint

Erwartungsvoll steige ich die Treppe hinauf.

Auf den Stufen,
rubinrot,
hinterlasse ich die Verletzbarkeit meiner Seele.
Ein Dorn in meinem Finger - den Schmerz unbemerkt.
Ein Dorn in meinem Auge - und doch mehr sehend.
Ein Dorn in meinem Herzen - zerrissen die Gefühle.
Ein lautloser Schrei.

Getötet meine Seele
von euch Unwissenden aller Andersartigkeiten,
besitzergreifend von Allem
und geblendet;
- euch normbewussten Predigern
uns - die so anders sind als ihr,
uns übrig gebliebenen sensiblen Seelen
zum leisen Sterben zwingt.

Schnipp-Schnapp-Dreizehn

Mach aus dem, was du hast ...

Greife nicht nach den Sternen,
wenn ein Stein deine Handfläche schmeichelt.
Kühle deinen müden Fuß im klaren Bach,
dann wird dein Herz dich wärmen.
Singe - und der Schmerz in deiner Kehle
wird verstummen.

Schnipp-Schnapp-Vierzehn

Immer seltener

Rotes Wasser besudelt deinen Rock,
blaues Wasser klärt deine Augen,
und noch ehe der Tau verdunstet,
gehen deine Gedanken spazieren,
um wesenhaft zu werden.
Ein kleiner schwebender Geist
sucht unter den irdischen Seelen
das verlorene Tal -

und er findet
noch!

von Liona Toussaint

Schnipp-Schnapp-Fünfzehn

Der Tanz

*Der Wind dreht sich im Kreis
und die Glut,
des eben erloschenen Feuers,
fängt an zu tanzen,
wie die Blutkörperchen
in meinen Adern,
durch den pulsierenden Schlag
meines Herzen.*

Schnipp-Schnapp-Sechzehn

Dumpf

*Ein unendlich anhaltender
warmer Ton des Saxophons,
ist wie Schwerelosigkeit
im blauschwarzen Universum.*

Schnipp-Schnapp-Siebzehn

So viel mehr
♥ für U. (Stella) ♥

Einmal
hörte ich dein Lachen.

Einmal
fühlte ich deinen Blick
in meinem Herzen.

Einmal
bist du gegangen.

… und hast doch
so viel mehr
mitgenommen.

Schnipp-Schnapp-Achtzehn

Wüstenstimmung

In der Mittagsglut hört man
einen hohen ausgedehnten Ton
einer Violine.
Es streicht der Bogen
- ganz langsam -
über die Saiten hinweg.
Es ist die feuerrote Glut,
die vereinte Kunst der Sinne und Töne.

von Liona Toussaint

Schnipp-Schnapp-Neunzehn

Beständig

Ich wollte,
aber ich konnte nicht.
Ich tat es,
aber es war zu schmerzhaft.
Ich fing an
und hörte wieder auf.
Es übermannte mich,
doch ich blieb stark.
Dann:
ließ es mich nicht mehr los,

das Weinen.

Schnipp-Schnapp-Zwanzig

Immer wieder

Immer wieder Sturm
und meterhohe Wellen.
Immer wieder Sturm
und glühendheißer Sand.
Immer wieder Kriege
und tausendfache Tode.
> Immer wieder Siege. <

Du fragst weshalb?

Schnipp-Schnapp-Einundzwanzig

Es soll nicht sein
♥ *für U. (Stella)* ♥

Ich hatte dir damals so viel zu sagen,
aber ich konnte nichts als Schweigen.
Ich hatte dir damals so viel zu geben,
aber ich konnte nichts als Nichts tun.
Ich war einfach zu schüchtern.

Ich habe dir heute so viel zu sagen,
aber du gibst mir keine Gelegenheit.
Ich habe dir heute so viel zu geben,
aber du willst von mir nichts nehmen.
Du bist einfach „nur verheiratet".

Doch das warst du damals auch!

Die Tragik ist schlicht:
Eigentlich lieben wir uns!

von Liona Toussaint

Von dir besessen
♥ *für U. (Stella)* ♥

Die schönste Frau
und die lieblichste Landschaft,
verlieren ihren Reiz
bei all zu naher Bekanntschaft.

Doch dich kann ich nicht vergessen,
von dir bin ich besessen.

Ich habe viele Frauen geliebt
und war so oft verzückt …

Doch dich kann ich nicht vergessen,
von dir bin ich besessen.

Trost hab ich gesucht
an warmen Brüsten
und vollen sinnlichen Lippen.

Doch dich kann ich nicht vergessen,
von dir bin ich besessen.

Schön waren sie,
klug waren sie,
und lieben konnten sie …

Doch dich kann ich nicht vergessen,
von dir bleibe ich besessen.

Schnipp-Schnapp

von Liona Toussaint

Schnipp-Schnapp-Dreiundzwanzig

Scharlachroter Mond
Auszüge aus meinem Buch „Scharlachroter Mond"

„Scharlachroter Mond" zeigt die tiefsten Gedanken und Empfindungen von Lana und Leoni, aufgezeichnet in ihren schöpferisch geistigen Briefen. Beide Frauen sind Künstlerinnen und Gefangene ihrer Faszination füreinander, aber da sie unterschiedlicher nicht sein können, geraten Lana und Leoni ins Kreuzfeuer ihrer Gefühle. Insbesondere Lanas künstlerische Seite, schafft kaum Raum für die Realität.
Wie oft stellen wir fest: Ich lebe nicht, ich liebe! Manchmal nur für einen Moment, der nicht selten zur Ewigkeit wird und uns ein Leben lang begleitet.

Liebste Lana,

was ich Dir so gerne sagen würde ist:

Noch nie in meinem Leben habe ich schönere Liebesbriefe erhalten. Du bist eine große Künstlerin und Dein Herz ist das einer Elfe. Ich bin furchtbar verliebt in Deine Sprache, fasziniert von der plastischen Darstellung und Poesie, welche ich in jedem einzelnen Wort finden kann. Unserer lebensnahen Poesie!
Seit ich Dich kenne, hast Du meine Gedanken fortwährend in Anspruch genommen.

Ich glaube nicht wirklich alles von dem, was Du schreibst, und bin dennoch verzaubert, traumatisiert, von Sternenschnuppen gekitzelt und gerührt. Wie kann ein Mensch seine Gedanken derart beflügeln und so geschickt mit dem Wort umgehen, von seinen eigenen Defiziten - mit seiner Wortmächtigkeit ablenken und Unbill Richtung Beziehung steuern.

Ich würde alles geben - Dein Papier zu sein, um Deine flatterhaften wie klugen, chaotisch-zarten und phantasievollen Gedanken wie Streicheleinheiten zu empfangen.

Wenn ich fliegen könnte oder Materie wäre, würde ich mir ein Nest bauen - direkt auf der Laufbahn Gedanken-All-Maschine.

Wäre ich ein warmer Sommerwind, ummantelte ich Deine Haut und würde Schwester Sonne lieblich lächelnd bitten UV-Strahlen-Blüten-Honig-Silberglitter unter Hautschicht Nr.3 zu filtern - für die gute Laune und für das Hoch der Liebe - versteht sich.

Wäre ich ein zwirbelndes raupengrünes Blatt am Ast, würde ich für Dich tanzen und Maultrommel-Lieder spielen.

Wäre ich - dann würde ich - doch bin ich nicht - deshalb werd ich nicht.

Im Gedanken bei Dir …
Deine Leoni

Liebste Leoni,

ich bemerke, dass ich beginne mit Dir zu leben. Ich atme mit Dir und durch Dich. Die körpereigenen Drogen beginnen zu fließen und es geht mir gut - mit meinen durch Dich veränderten Zellwänden.
Ich habe eine Überraschung für Dich. Du kannst mich sehen, ganz groß ohne Lupe als Embryo - jetzt, gebannt auf Plexiglas und 34 Jahre alt. (Die Ausstellung beginnt heute.)
Ich bin gespannt, ob ich Dir ganz nackt und schutzlos gefalle.

von Liona Toussaint

Hast Du schon Teil II von „Vom Winde verweht" gelesen? Dieser Roman ist so ziemlich die perfekte Beschreibung meiner Persönlichkeit. Scarlett, wie sie in die irische Wildnis geht, um sich ein völlig neues Leben aufzubauen - genau an diesem Punkt stehe ich gerade.

Heute bekam ich Post von einem schwulen Verlag. Man bat mir an, eine Anthologie herauszugeben. Hättest Du zu so etwas Lust?

Wie Du siehst, versuche ich Gemeinsamkeiten zu entdecken, die eine wirkliche Begegnung ohne Scham und Tamtam ermöglichen. Ich möchte meine Energie nicht in eine wirkungslose Fiktion schleudern, und ich arbeite gern mit Menschen, die mich inspirieren, wie ich sie. Das ist meine Form der Liebe, die ich als Nonne praktiziere.

… To fall in love … ist ohne Zweifel etwas, dass ich mir lange nicht gegönnt habe, weil mich einfach „nichts" so wirklich berührt hat.
Du bist mein einziger Versuch, seit Ewigkeiten, mir selbst die Möglichkeit zu geben, meinen Vulkan wieder zu entfachen.
Verständlicherweise habe ich davor genauso viel Schiss wie Du.
Ich bin nämlich keine, die sich auf einen Barhocker setzt und wartet, bis sie die Richtige anspricht und - ich selbst gehe auch, aus tiefster Seelenschüchternheit, nicht auf andere Frauen zu - schon gar nicht auf solche, die mir gefallen oder gefallen könnten.
Ich bin in Punkto Liebe völlig aus der Übung. Ich dummer treuer Schafskopf. Aber: ich stehe dazu. (Laut „Spiegel" ein ganz normales Phänomen.)
Von daher möchte ich die „Dinge" ganz entspannt auf mich zukommen lassen, ohne den Anspruch, dass etwas „Bestimmtes" passieren wird. Wenn dem so ist, wird es ohnehin passieren, ohne dass wir etwas dagegen unternehmen können. Völlig klar ist, dass unsere

Begegnung schon jetzt etwas Besonderes ist - und das finde ich wunderschön und es steht uns völlig frei, daraus zu machen, was wir wollen und empfinden.

Ich freue mich schon sehr auf die verrückten Sachen, die wir zusammen machen werden, - vollkommen wertfrei, was die bescheuerten Normal-Strukturen so vorschreiben. Mir kann niemand etwas verbieten oder vorschreiben, Dir mit Sicherheit auch nicht.

Was ich Dir nur sagen will, ist, dass Du keine Angst vor mir zu haben brauchst, ich bin ein echt niedliches kleines Mädchen - so eine Mischung zwischen Bambi und Pippi Langstrumpf und darüber hinaus - auf Grund meines Alters - eine moralisch integere Frau.
Und wir sollten uns nicht von einer „gedachten Enttäuschung" ins Boxhorn jagen lassen.

Deine Lana

Liebste Lana,

natürlich fasziniert mich Dein Wesen – nackt und schutzlos - gebannt auf Plexiglas. Wie unschuldig und verführerisch zugleich Du doch aussiehst. Ich liebe Deinen schlanken wie hoch gewachsenen Körper, Deinen Silberblick, Deine rehbraunen Augen, die listig klug schmunzeln und auf jegliches Feedback warten. Ich liebe Deine schönen Zähne und Dein lebensbejahendes Lachen, welches fast ein wenig zu laut klingt und doch so charmant dezent. Irgendwie kindlich und gleichsam blaublütig reif. Wie machst Du das nur?
Du bist verführerisch und geschmeidig wie eine Wildkatze, aber kaum hat man Dich, so windest Du Dich sofort, unter dem, was Dich festzuhalten droht. Du nimmst Dir, was Du willst, Du gibst jedoch selten, obwohl Du es bist, die Verlangen schürt.

von Liona Toussaint

Du bist mein „scharlachroter Mond", mein reflektierendes Sonnenlicht, und gleichzeitig verschmutzt Du meine Atmosphäre mit all Deinem Übermaß an Wünschen und Forderungen als Diva. Deine Atome und Moleküle streust Du in mich, verteilst sie überschallschnell in alle Richtungen. Ich zerberste an Deiner chemischen ultrakosmischen Macht über mich und bin dennoch liebeerfüllt geblendet von Deiner Schönheit.

Du kennst doch sicherlich das Phänomen, wenn der Mond rot am Himmel steht? Wir Irdische blicken ihn an und können gar nicht glauben, was wir sehen.

Es gibt auch Tage, an denen Du wie ein bunter Schmetterling über meinem Kopf flatterst. Hin und wieder setzt Du Dich auf mein Ohr und schlägst sanft mit Deinen Flügeln. Mit jedem Flügelschlag verteilst Du den Duft des Sommers und Du säuselst lieblich honigwarm ein Sommersonnenliedchen. Danach kicherst Du lustig und bist auch gleich wieder fort. Irgendwohin, um mit anderen Schönen zu plaudern, ohne auch nur einen Gedanken an mich zu verschwenden. Fast so, als würdest Du mich gar nicht kennen.

Du schenkst mir die schönsten Augenblicke im Leben. Kurze Momente für die Ewigkeit, welche sich wie mikrokosmische Bruchteile als Lebenserinnerung manifestieren.

Deine Leoni

_____

Liebste Leoni,

ich liege auf meiner Couch und liebe Dich - und wenn ich vor mir selbst zugebe, dass diese Liebe „mir genügt" - dann wird mir ganz schwindlig.

Ich liege da und liebe etwas Unsichtbares. Das ist wirklich komisch, abgesehen - von all Deiner bemerkbaren Niedlichkeit. Was ist das nur?

Ich könnte Dir kilometerweise kitschiges Zeug produzieren, könnte diese „unsere" Energie auch umlenken in Liebeskreativität und alles andere vergessen.

Für mich ist das wirklich total ungewohnt - jenseits meiner Raster, Muster, Rollen. Ist das normal? Ich weiß es einfach nicht. Ich weiß nur, dass ich das alles will und mir tierisch Mühe gebe, das nichts „Altes" in diesen Wunder-Pool fällt und das „Neue" geschmacklich verseucht, was wirklich eine Herausforderung bedeutet.

Meine Traum-Elfe. Du verwunderst mich ständig mit Deiner Tiefe und dem, was Du alles siehst. Du bist wunderbar.

Du siehst, was andere nicht sehen - und Du schenkst mir, was Du siehst, weil Du mich liebst.

Ich könnte (Achtung: ordinär) vor Freude in die breiten Ritzen meines Bodens pissen. −

Deine Lana

Liebste, liebste Lana,

heute hatte ich geträumt, dass es schön wäre, wenn wir ein Haus am Meer hätten. Jedes Zimmer in einer anderen Farbe. Die Fenster stehen weit offen und der Wind, welcher über dem Meer zum Ufer weht, lässt ein leises Klirren und Summen in unseren Zimmern erklingen. Sommerblumen schwingen lieblich ihre Köpfe und lassen hin und wieder zarte Blütenblätter - sanft wie eine Feder zu Boden schweben. Im zimtfarbenen Salon entdecke ich Dich, am Fenster stehend und nach mir Ausschau haltend.

Deine Leoni

---

von Liona Toussaint

Liebste Leoni,

ich esse Spirelli mit Tomaten-/Thunfischsauce und denke daran, dass Du keine Tomatensoße magst! Du siehst also, wie sehr Du schon in mein sinnlich-tägliches Sein eingedrungen bist … Ich würze die Sauce nicht zu sehr - weil Du es nicht zu würzig aber dennoch scharf magst, obwohl Du nicht da bist. (Und ich esse „Deine" Portion gleich mit - pass bloß auf meine Figur auf, Liebste!) –

Dein Brief heute Morgen war der pure Genuss und ich vermisse Deine täglichen Zeilen sehr, weil sie so eine wunderschöne Sprache haben, die anders ist (oder sein kann) als eine konkrete Begegnung. Von daher freue ich mich fast auf unser Nicht-Sehen, denn es erhöht die Möglichkeit des Briefe-Erhaltens.

Deine Lana

_____

Liebe Leoni,

manchmal weiß ich wirklich nicht, ob Deine Liebe schwer zu sehen ist, oder ob sie schwer für mich zu sehen ist. Oder: ob sie so ist, wie ich nicht will und sie deshalb nicht sehe, weil ich ja auf meine Vorstellungen und Wünsche acht gebe.
Nun ja, die Liebe ist ein echt kompliziertes Ding und doch: manchmal weiß ich, dass Du alles für mich tun würdest und mich wirklich liebst.
Ich werde es lernen, dass Deine Liebe für mich wunderschön ist, - eben ganz anders, als meine Liebe jemals sein kann.

Manchmal weiß ich gar nicht, ob ich Dich lieben darf. Ich könnte Dich mit meiner Liebe innerlich zerquetschen und verbrennen, denke ich und gehe weg in die Kälte, oder in die Gewohnheit, die ich auch spüren kann - die

Gewohnheit Deiner Keine-große-Liebe-Zeit. Doch die mag ich nicht.

Deine Lana

Meine geliebte Lana,

Du wartest bestimmt mit jedem Sonnenaufgang auf meine Zeilen – und gehst mit jedem Sonnuntergang traurig zu Bett. Es tut mir leid, aber ich fühle mich derzeit hin- und hergerissen von Deinem Hinundhergerissensein.

Immer wieder meine Herzenswanderungen zwischen dem Gefühl, dass wir wie für einander bestimmt sind, und dann wieder das unerwünschte Wissen, dass wir niemals mit „uns" glücklich sein können.

Unser kreatives Sein klafft auseinander, wie die von Pranken zerfetzte Wunde einer Wüstenlöwin. Ihr Blut strömt unaufhaltsam in den heißen weißen Sand. Sie schleppt sich mühsam kraftvoll aus dem sonnendurchfluteten Tag in die Kühle der Nacht.

Unsere chaotischen Gedanken, geschwängert von Liebe und Kreativität, scheinen mit den Dämonen des Nebelwaldes zu kämpfen. Dieser nebeldurchflutete Wald scheint undurchdringbar zu sein, obwohl uns von den Elfen vorausgesagt wurde, dass wir mit unseren blitzenden Schwertern gefahrlos zum Ozean der „Freien Sinne" gelangen, um zu verweilen und um Eins werden zu können. Irgendetwas müssen wir überhört haben, als die Elfen zu uns sprachen.

Deine Leoni

---

von Liona Toussaint

Liebste Leoni,

bald wird es regnen, oder hat es schon geregnet? Ich wasche Wäsche als Abendgymnastik und denke über die Liebe nach. Über meine Liebe. Es ist wohl so, dass ich „phänotypisch" liebe, vielmehr liebe ich die Fragilität der Seele und was man davon sehen kann.

Darum mag ich vielleicht alles Zarte, Elfenhafte und auch das Zerbrechliche an Miniaturen. Es ist das Wesen der Dinge und der Menschen, das mich anzieht, ihr Sein (seit Jahrhunderten oder Jahrtausenden) mehr als ihr Gewordensein. Ich kämpfe allem Anschein nach gegen das äußerliche So-Sein, wenn es das innerliche So-Sein blockiert - statt widerspiegelt.

Ich setze die Freiheit der Wesen als Absolutum - und ihren Drang nach Liebreiz, nach Sichtbarwerden. So sind dann wahrscheinlich mein Kunstverstand und meine Sehnsucht nach allem Weiblichen, als in dieser Gesellschaft schwer Entzifferbarem zu erklären.

Nicht, was „dahinter liegt" ist mein Objekt der Begierde, sondern das, was „darinnen liegt". Das Verborgene, das Wesenhafte und Wesentliche.

Sicher ist die Energie, mit der ich dieses Unterfangen angehe, manchmal nicht so leicht zu verstehen, da diese Energie in ihrer Heftigkeit eher männlich (oder „destruktiv") erscheint. Das Aufreißen von Verkrustungen oder das „Tiefer"-blicken kann leicht missverstanden und mit Ablehnung verwechselt werden. Ich fühle aber, dass das nicht der Sinn meiner Handlungen und Worte ist. Und auch nicht das Wesen meiner Liebe.

Oft denkt man, dass ich nicht akzeptiere, was ist. Doch ich weiß, dass ich nur nicht das akzeptieren möchte, was „scheint". Der Glanz, den ich im Leben suche, ist die Freiheit der Seele, der sich auf alles legen kann und die Welt zu verzaubern vermag.

Wenn die äußere Schönheit ein Abglanz des Inneren ist, bin ich „hin und weg". Nicht der Mantel, den man als Schutz vor der inneren Wirklichkeit trägt, verführt mich, sondern die Lichtblitze der bewahrten Fragilität des So-Seins.

Deine Lana

Meine geliebte Lana, mein scharlachroter Mond!

Jeder Mensch sucht nach Freiheit und nach dem Glück. Wohl mehr nach dem Glück, weil es sich leichter definieren lässt. Freiheit ist ein mächtiges Wort, selbst mir gelingt es nicht, Freiheit mal eben kurz zu erklären. Das verlangt nach Hirn-Verrenkungs-Manövern. Wer verrenkt sich schon gern. Zumindest nur wenige von „UNS". Leider. Ein unerträglicher Beobachtungs-Zustand, welcher mir Angst macht. Aber dem entfliehen wir zwei Schreibende.

Deine Leoni

Liebste Leoni,

schade, dass Du nicht da bist. Aber: wenn wir dann später ein Haus haben, dann bist Du da.

Ich würde Dich gerne mal fotografieren, so wie ich mir Dich vorstelle, nackt, geschminkt und in hohen Absatzschuhen. Mit einem grobkörnigen s/w-Film. Und am Meer. Vielleicht im Januar? In England?

Du hast mich eindeutig zu wenig geküsst in dieser Woche, lass uns wieder „fliehen".

Deine Lana

---

von Liona Toussaint

Meine geliebte Lana,

ich würde mich gerne von Dir fotografieren lassen. Im Schnee oder am Meer.
Lass es uns tun. Am liebsten sofort.

Ich habe „Dich" nicht zu wenig geküsst. Du hast eindeutig „mich" zu wenig geküsst. Wenn Du magst, dann lass uns darüber streiten, um uns zu versöhnen.

Deine Leoni

─────────────────────────────────

Liebste allerliebste Lana,

heute ist ein so schöner warmer Spätsommertag, dass ich die ganze Welt umarmen könnte. Ich bin einfach losgefahren, so hier und dort, unter den Baumkronen des ausklingenden Sommers Richtung Wasser, wo ich Schwäne fütterte. Die Sonne hatte sich plötzlich hinter einer Wolke versteckt und das Wasser hielt inne zu glitzern, es begann zu säuseln und zeigte auf seiner Oberfläche kleine Schäfchen. Irgendwann stand ich einsam am Ufer, kein Mensch, kein Schwan, und nicht mal mehr ein Nicken der Bäume. Ich war allein und Du in mir.

Deine Leoni
- ich kann nicht mehr aufhören an Dich zu denken -

─────────────────────────────────

Hallo Leoni-Maus,

die Außerirdischen haben Deine hochtechnische Telefonmaschine für disfunktional erklärt. Ich hoffe, sie waren ansonsten nett zu meiner Kleinen. Ich habe entsetzliches Fernweh und will nur noch weg hier.

Ich vermisse Dich furchtbar und frage Dich: „Liebst Du mich noch?".

Deine Lana

Geliebte Lana,

packe Deine paar Plünden zusammen und komme einfach zu mir. Ich werde Dir ein schützendes Dach bieten und Du kannst ein Verwöhnprogramm genießen. Du machst uns beide noch völlig meschugge. Lass uns doch endlich mal zur Ruhe kommen. Wie soll ich Sehnsucht nach Dir entwickeln, wenn Du andauernd Mauern baust. Ich dachte, Du bist eine Burg? Ich bin dann doch lieber ein Stadthaus, welches sich lässig an andere Stadthäuser schmiegt.

Ich liebe Dich.
Deine Leoni

Meine geliebte Lana,
meine mich tötende Fiktion,

Du labest Dich an meinen Briefen Worte, jedoch verwünschst Du Dir der Worte Autorin. Ich bin Deine Fiktion und dann wieder Deine kleine Elfe, die Du lieblich liebelst. Du willst mich ganz nah, und dennoch gläsern-silbern unsichtbar. Du willst mich nicht berühren, mich nur mit Deinen Augen begrabschen. Du willst, Du willst, Du willst, mich in Dir und Dich in mir, wie Elfensternenschnuppen tanzend.

Deinen Elfen-Zauberstab erhebend, zeichnest Du mir in der Luft ein Schloss. Auch so gläsern-silbern, mit azurfarbenen Fenstern und aprikot-schillernden Dächern. Vor dem Portal, zwei mächtig prächtige Zauberwächter.

von Liona Toussaint

Man nennt diese gütigen Hüter des Lichts und der Sonne, des Schattens und der Nacht, Drachen-Löwen. Sie tragen weißgoldene Mähnen und haben einen sanften klugen Blick aus bernsteinfarbenen Augen. Man sagt, wer einmal in ihre Augen sieht, der ist von Liebe erfüllt und vom Glück beschenkt.

Auf mintfarbenen Wiesen, durchzogen von kristallenen Bächen, zwei liebliche Kinder lachend tobend. Ein Mädchen, mit rötlichem Haar wie Deins, in einem Sommerkleidchen mit kleinen Veilchen. Der Knabe, mit blondem schulterlangem Schopf, in weißen Leinenhosen, mit einem Drachen in der Hand. Geschickt lenkt er ihn am azurblauen Himmel unter dem goldenen Glanz der Sonne. Beide Kinder haben strahlend blaue Augen, wie die meinen.

Du siehst, auch ich kann träumen. Für Dich. Für uns. Ich pflücke uns die Blumen am Wegesrand, wo ich täglich spaziere - um Dir nah zu sein aus der Ferne. Ich pflücke sie und binde daraus einen Elfenkranz. Kannst Du das auch? Einen Elfenkranz flechten?

Deine Leoni

Ende der Auszüge aus „Scharlachroter Mond"
ISBN: 9783837058017

Schnipp-Schnapp-Vierundzwanzig

Wenn ich mit dir

Wenn ich mit dir
durch den Frühlingsmorgen schreiten könnte,
wäre der Himmel noch blauer.

Wenn ich mit dir
die Wiesen überqueren könnte,
wären sie noch satter.

Wenn ich mit dir
das Violinenkonzert hören könnte,
wäre der Klang noch klarer.

Wenn ich mit dir
zu Mittag essen könnte,
wäre der Geschmack noch runder.

Wenn ich mit dir
den Rotwein beim Kerzenlicht trinken könnte,
wäre das Glas halb voll
und nicht halb leer.

von Liona Toussaint

Schnipp-Schnapp-Fünfundzwanzig

Bär und Fuchs
♥ *für meinen Bär* ♥

„Wow", sagte der Bär, als er die blauen Augen vom Fuchs sah. Solche Augen hatte er zuvor noch nie gesehen. Er war regelrecht verzückt.

„Hallo, hallo", antwortete der Fuchs freudig und war ganz aufgeregt, dass er endlich den Bären persönlich traf. Schon sehr lange hatte er darauf gehofft. „Darf ich mich des Nachts an Dein Fell kuscheln?", fragte der Fuchs den knuffigen Bären.

„Aber gern", sagte der Bär und brummte stolz. „Gut, dass ich mit dem Reh befreundet bin, sonst hätten wir uns nie kennen gelernt", brummte der Bär zufügend.

„Du bist mit dem Reh befreundet?", fragte der Fuchs ungläubig. „Wie kann das sein, dass ich davon nichts weiß, denn auch ich bin mit dem Reh befreundet", sagte der Fuchs weiterhin.

„Ich weiß schon davon", antwortete der Bär schelmig wissend und klopfte mit seiner Pranke leicht auf seine Brust.

Der Fuchs darauf: „Ich habe das Reh gefragt, ob es mit Dir befreundet ist. Es sagte nein!".

„Dann wollte es wohl meine bärige Freundschaft nicht teilen", antwortete der Bär beschwichtigend.

„Schön, dass wir nun beide Freunde sind", antworteten beide gleichzeitig und spazierten weiter plaudernd durch den Wald.

„Darf ich mich gleich heute Nacht an Dein Fell kuscheln?", fragte der Fuchs.

„Aber sicher doch!", brummte der Bär zufrieden.

Schnipp-Schnapp-Sechsundzwanzig

Ein Moment Erinnerung
♥ für Renate ♥

Es roch so wunderbar nach verbranntem Holz,
als ich mühsam mit einem „Steinbohrer"
Löcher in die Türen aus Fichte bohrte.

Du hast unweit neben mir gesessen
und mich mit deinen mokkafarbenen Augen angesehen.
Ich konnte deine Gedanken auf meiner Haut spüren,
die gleichsam fröstelnd-feucht zu schwitzen begann.

In meinem Herzen hämmerte es, geradeso,
als ob ein 5 Kilo schwerer Hammer
auf eine Stahlplatte
in Sekundenschnelle herabsauste
und ein Herz
auf die blanke Oberfläche schlug.

Wann die Türen fertig wurden,
daran kann ich mich nicht mehr erinnern.

Du?

von Liona Toussaint

Schnipp-Schnapp-Siebenundzwanzig

Nur weil ich gehe?
♥ *für Carola* ♥

Glaubt du,
nur weil du für mich da bist
muss ich bleiben?

Glaubst du,
nur weil du für mich kochst
muss ich essen?

Glaubst du,
nur weil du mich liebst
muss ich einen Orgasmus bekommen?

Glaubst du,
nur weil ich gehe

liebe ich dich nicht?

Schnipp-Schnapp-Achtundzwanzig

Australien

In Australien, wo die rote Erde dir dein Herz erwärmt,
wo die glühendgelbe Sonne am Horizont flimmert,
wo der Regen meterhohe Mauern baut,
wo der glasklare Fluss dir Geschichten erzählt,
wo der Mond sich spiegelt,
wo das weite trockene Land sich in ein
pastellfarbenes Meer verwandelt,
wo Gewitter stundenlang
auf riesiger Leinwand von sich erzählen,
wo Delphine im türkisfarbenen Ozean glücklich sind,
wo die Flügel der Pelikane
dir einen Drei-Sekunden-Schatten spenden -
habe ich oft wahren Frieden empfunden.

Schnipp-Schnapp-Neunundzwanzig

Ja-nein

Dein Blick spricht Bibliotheken für Verliebte,
aber dein Mund liest Verbotsschilder vor.

Deine Lippen berühren die meinen, wie für Liebende,
aber deine Zunge traut sich kaum hervor.

von Liona Toussaint

Schnipp-Schnapp-Dreißig

Ich denke dich …
♥ *für Carola* ♥

… und niemals wird in uns wachsen,
was wir nicht wachsen lassen.
Schwingungen sind wie Licht und Dunkelheit.
Wir treiben gegen den Strom, wenn wir fühlen,
dass das Blau in unseren Adern,
im Puls am Hals gefriert.

Ich liebe den Tau auf einer Rose,
glitzernd am kühlen Morgen.
Ich liebe es,
wenn Sonnenstrahlen meine Haut streicheln
und ein warmer Wind mich berührt.
Ich laufe und laufe.
Ein stummer Schrei –
schnürt mir schmerzhaft die Kehle zu.
Auf meinen Wangen
das salzige Nass meiner Empfindungen.

In deinen Armen die laute Stille.
Gedanken kreisen …
Ich höre deinen und meinen Herzschlag,
fühle deine Hände auf meinen Rücken.
Ich bin dein Kind
und du wiegst mich in Geborgenheit.

… ich denke dich zu lieben.

Schnipp-Schnapp-Einunddreißig

Ich weiß

Ich weiß, wie es ist
zu lachen,
bis einem der Bauch weh tut.
Ich weiß, wie es ist
zu weinen,
bis einem die Augen schwellen.
Ich weiß, wie es ist
zu sterben,

ganz leise.

Doch manchmal schmecke ich
Frühling
auf meiner Zunge,

dann lache, weine und sterbe ich
gleichzeitig:
ohne den Mut
deswegen zu verlieren.

von Liona Toussaint

Schnipp-Schnapp-Zweiunddreißig

Manchmal

Manchmal verschleiert einem die Liebe
nicht die Sicht,
sondern den Verstand.
Manchmal sagt man Dinge
bei Abhandenkommen
aller geistigen Fähigkeiten.
Manchmal fühlt man plötzlich gar nichts mehr
und wundert sich über diesen Zustand.
Manchmal gibt man Erklärungen ab,
aber sie kommen zu spät.
Manchmal glaubt man zu verzweifeln,
doch dann schafft
die vermeintliche Leere
unerwartet neuen „Überlebens"raum.
Manchmal verliert man sich sogar im Glück
und wundert sich,
dass das Leben
auch nicht einfacher geworden ist.
Manchmal erzielt man Höchstleistung und Ruhm,
und trotzdem sehnt man sich
nach dem Zuvor zurück.
Manchmal fällt man tief
und ist dennoch weiter oben.
Manchmal liebt man
ohne Gegenliebe.
Manchmal weint man
ohne Tränen.
Manchmal trauert man
hinter einem Lachen.

Manchmal: sollte man besser
nicht nach Erklärungen suchen.

Schnipp-Schnapp-Dreiunddreißig

Beichte einer Vergeudung
♥ für W. (Amadeus) ♥

Du kamst durch die eine Tür,
ich kam durch die andere Tür,
beide standen wir im Flur, den deinen.

Wir haben uns angesehen,
überrascht, klar, verzückt…,
mein Herz blieb fast stehen…
Zumindest erging es so mir.
Und, wie war es bei dir?

Da standest du nun,
mit deinen schönen Augen,
mit deinem ungewöhnlich schönen erotischen Mund;
sekundenlang versteinert.
Ich auch!

Sie warteten irritiert auf deine Aufmerksamkeit.
Du hattest es nicht bemerkt.
Wir kreisten in unserer Faszination des Augenblicks.

Gott, was für ein Gefühl.
Erinnerst du dich?

Hast du nie an mich gedacht?
In der Nacht… dich gewälzt,
und gehofft…
…Ich an dich sehr oft.

Liebe auf den ersten Blick.
Zweimal erlebt. Bei ihr…, bei dir.
Aber ja!
Verdammt!

von Liona Toussaint

16 Jahre ist es her
und es wiegt immer noch sehr schwer…;
ich kann's manchmal kaum (er)tragen.

Ich war jung, gertenschlank und hübsch.
Ich war schmerzerfüllt vor Lust.
Ich war schmerzerfüllt vor Frust.
Bist... warst du blind?

Ob ich dich heute noch…?
Aber ja!
Zu spät... Es ist zu spät.
Oder nicht?

Ich hab's dir nie gesagt,
ich hab's dir nie gezeigt.
Ich hab mich nie gewagt,
ich war dennoch stets bereit.

Wofür?

Für einen Kuss,
für einen Stoß.
Für einen Blick,
für einen F…

Du Idiot.

Heute noch?
Aber ja!
Zu spät... Es ist zu spät.
Oder nicht?

Schnipp-Schnapp-Vierunddreißig

Dir verzeihen

Ich habe dich so oft gebraucht,
doch du warst nie da für mich.
Meinen Schmerz habe ich in einen Sack gesteckt
und dir verziehen.

Ich habe so viel für dich aufgegeben,
um dir öfter näher zu sein,
doch das war ein Grund, die Achtung vor mir zu verlieren.
Meinen Schmerz habe ich in einen Sack gesteckt
und dir verziehen.

Du wolltest mir helfen, mich zu finden –
und wischtest mir die Tränen fort,
doch deine Geduld wandelte sich,
ehe sie zum Einsatz kam.
Meinen Schmerz habe ich in einen Sack gesteckt
und dir verziehen.

Du bist oft wütend und kühl,
hast den vorausschauenden Blick verloren.
Deine Worte sind schärfer, als des Messers Klinge.
Meinen Schmerz stecke ich noch immer in einen Sack
und ich verzeihe dir.

Aber …
glaubst du wirklich
ich schreibe ewig so?

von Liona Toussaint

Gänseblümchens Glück
♥ *für meine Großeltern* ♥

In meinem Opas Garten
ein Rasen schön gedieh,
doch ohne langes Warten,
der Sensemann erschien.

Ritsch und ratsch,
waren alle Gänseblümchens Köpfe ab
und gekürzt das grasgrün Haar.

Des Sensemanns Maschinchen,
vergaß ein Gänseblümchen.

Schnipp-Schnapp-Sechsunddreißig

Dashastenundavon
♥ für U. (Stella) ♥

Dashastenundavon: Jetzt bist du alt und hast verspielt, dass wir Sex hätten haben können, wie doll und verrückt. Schön blöd von dir.

Dashastenun: Einen Ehemann, keinen Weibersex, ein kleines Haus mit Garten. Toll! Gaaanz toll!

Dashaste: dir so gedacht, dass ich aufgebe und im Nirgendwo verschwinde. Nee, meine Liebe, daraus wird nichts. Ha, wäre ja noch schöner ... mit mir nicht!

Das: hätte mit uns so schön sein können. Kann es immer noch. Wenn du willst. Aber du willst ja nicht. Das haste nun davon!

von Liona Toussaint

Schnipp-Schnapp-Siebenunddreißig

Weibliche Erotik
♥ *Erinnerung an Sabine* ♥

Es ist schon ziemlich aufregend, wenn ein schöner weiblicher Körper mit einem geistreichen hübschen Kopf sich nach dir verzehrt und sich entblößt, weil er vor lauter Verlangen nach erotischen Spielen zur Arena schreitet, sich auf dich stürzt und dich in Bedrängnis bringt.

Unter der schmale Taille zuckt der flache Bauch, das Becken beginnt halbförmig zu kreisen, derweil es sich gegen deine Scham drückt, und die vollrunden weichen Brüste fallen auf dich nieder wie schwere Softbälle. Ihr langes dunkles Haar umfliest wie vom Wind, wie kühle Seide dein Gesicht - und lässt ihre Augen im Halbdunkeln glühend erscheinen, wobei ihre lüstern und leicht feuchten Lippen dezente Atemstöße über deinen Mund- und Halsbereich spüren lassen. Diese werden mit dem Rhythmus heißer, schneller, keuchender…, Ihr Atem, der auch zu deinem Ohr dringt und dir erotisierte Gänsehaut bereitet.

Geschickt dich in Ekstase versetzt, dreht sie ihren erhitzten Körper auf den schmalen Rücken. Sie hebt ihr Becken und spreizt geschickt die Beine, streckt ihre Arme nach dir aus und drückt dich zwischen ihre heißen Schenkel. Sich anders überlegend, stellt sie die alte Position wieder her und lächelt. Dann streckt sie ihren Körper aufrecht und nimmt eine Sitzposition direkt auf deinem Gesicht ein. Ihre rasierte glatte Haut - mit einem großzügigen gel-feuchten Film - gleitet nun über deinen Mund zur Nase und zurück im ewigen Wechsel. Ein längerer Ausstoß des „sie-ist-gekommen" löst die Position auf, indem sie an dir hinunter gleitet und zwischen deinen Beinen verweilt. Ihre Fingernägel hinterlassen Spuren auf deinen Lenden und Hüften, derweil du selbst kommst. …Eine kurze Pause, um sich anzusehen, gefolgt von ihrer erneuten Lust, die Stunden in Anspruch nehmen kann - und das täglich.

Liona Toussaint

www.liona-toussaint.de

www.fuxart.de